Nous remercions A. et A. Vazquez pour leurs photos d'éléphants.
A. G.

Les albums d'Alex Godard chez Albin Michel :
Maman-dlo, 1998 (repris en Panda poche)
Maé et le lamantin, 2000 (repris en Panda poche)
La Forêt de Cœur-Bouliki, 2002
Le Petit Hippopo tamtam, 2004
La Case aux hibiscus rouges, 2005
Tani, 2011
Agoulou Granfal et le rocher de la gourmandise, 2015

www.alexgodard.fr

Pour la bibliographie de Michel Piquemal, voir son site :
http://www.michelpiquemal.com/

Maquette de William, assisté de Camille Vermorel

www.albin-michel.fr — Loi n° 49-956 du 16 juillet 1949 sur les publications
destinées à la jeunesse — Dépôt légal : second semestre 2019
N° d'édition : 23564 — ISBN-13 : 978-2-226-44343-4
Imprimé en France par Pollina - 90530

Michel Piquemal

L'ÉLÉPHANTE
qui cherchait la pluie

Alex Godard

Albin Michel Jeunesse

C’est la saison sèche. Depuis plusieurs semaines, la savane s’est changée en une terre aride et poussiéreuse, couverte de maigres touffes jaunes. Les animaux ont du mal à trouver de la nourriture.

Tania, la vieille femelle qui guide la harde, a beaucoup d'expérience. Elle n'a pas son pareil pour dénicher les sols les plus fertiles où pousse encore une herbe rase. Sa harde ne souffre pas vraiment de la faim.

Tania lève les yeux vers le ciel. Les pluies d'automne qu'elle attend tardent à venir... Elle pousse un grondement sourd et fait claquer ses oreilles, puis les laisse glisser le long de son cou.
C'est le signal ! Tout le troupeau s'ébranle à sa suite.

Elle mène les siens vers un bosquet d'acacias, à quelques kilomètres. Là, elle apprend aux petits à manger sans se blesser les rares feuilles de l'arbre aux longues épines. Ce n'est pas un repas de roi, mais il n'y a pas d'autre choix.

L'automne passe... et pas une goutte de pluie ne tombe. Pour reverdir, la savane attendra désormais les orages de printemps.

Tania mène la harde plus au sud pour brouter les quelques herbages que le soleil n'a pas encore brûlés. Elle guide le troupeau d'un pâturage à un autre, en faisant de courtes étapes pour éviter toute fatigue inutile. Pendant des mois, leur vie n'est qu'une longue marche à travers la savane devenue désertique.

Peu à peu, les flancs des bêtes se creusent. La peau des grands pachydermes se met à pendre, formant des rides profondes. Chaque jour qui passe oblige Tania à faire de plus longues distances pour trouver une nourriture toujours plus clairsemée.

Plusieurs petits sont nés, et leurs mères manquent de lait. Pop, l'éléphanteau, n'est encore qu'un bébé... un tout petit bébé qui trébuche en se prenant la trompe dans les pattes. Il gronde en tétant les mamelles presque vides de sa mère, Tia, fille de Tania.

Quant à Tembo, son aîné, il n'a pas plus de quatre ans. Il essaie, lui aussi, de mendier un peu de lait... mais Tia le chasse avec fermeté, car le lait est vital pour le plus jeune. Pauvre Tembo ! Il doit se contenter de plantes rachitiques ou des restes de fourrage qui tombent de la bouche des adultes.

Tania doit trouver de la nourriture. Si les mamelles des mamans se tarissent, les bébés ne survivront pas. Or la saison des pluies peut se faire attendre encore de nombreuses semaines.
Alors, sans hésiter, Tania entraîne les siens vers la zone verte des marais, là où les bergers massaïs font paître leurs troupeaux. C'est un endroit dangereux, car les Massaïs ont des guerriers pour défendre leurs pâturages.

Mais les jeunes mères éléphantes doivent reprendre des forces pour tenir jusqu'aux pluies de printemps.
Après une interminable marche, la harde atteint la zone verte au coucher du soleil. Pour des éléphants affamés, c'est un vrai paradis ! Toute la nuit, ils cueillent la délicieuse herbe tendre, en se faisant aussi silencieux que des chats sauvages.

Tania reste à l'affût du moindre bruit. Et au matin, lorsqu'elle perçoit le tintement des clochettes des troupeaux massaïs, elle fait aussitôt rebrousser chemin à la harde. Les Massaïs les ont vus. Ils sont furieux. Les éléphants ont dévasté tous leurs pâturages.

Leurs vaches, déjà faméliques, vont mourir de faim.
Des moranes, guerriers fraîchement initiés, coupent la route à la harde.
Vite ! Tania engage les siens à travers les marais, là où les hommes
ne pourront pas les suivre. Mais un javelot fuse...

... et Tania est douloureusement blessée au flanc. En poussant un terrible barrissement de colère, elle arrache le javelot du bout de sa trompe, le jette en l'air comme un fétu de paille et continue sa route au milieu des marais.

La marche est longue et pénible. Les lourdes bêtes pataugent dans la boue jusqu'aux genoux. À mi-chemin, Tembo se prend les pattes dans un amas de racines et s'enfonce. Les marais commencent à l'engloutir. Seule sa tête dépasse, et il hurle de terreur. Deux femelles se précipitent.

L'une le pousse sur les fesses tandis que l'autre le tire avec sa trompe. Sauvé ! Mais il faut continuer et continuer encore. Enfin, toutes les bêtes se retrouvent sur la terre ferme, exténuées, mais l'estomac rempli de l'herbe grasse volée aux Massaïs.

Les éléphants ont fait une telle bombance qu'ils restent plusieurs jours sur place à digérer leur nourriture. Le lait revient aux mamelles des mères, que les éléphanteaux tètent avec avidité.
Un premier orage éclate et rafraîchit la savane.
Tania sait que la harde est sauvée, à présent.

Pourtant, au fil des jours, elle est gagnée par une grande fatigue. La blessure causée par la lance massaï s'est infectée... Ses pas se font plus pesants, sa démarche plus lourde.

Voulant se relever après une halte, elle trébuche et s'affaisse sur ses genoux. Elle pousse un cri. Tia et Moss, une vieille femelle, viennent lui porter secours. En se plaçant de chaque côté de la vieille éléphante, elles l'aident à se relever et la maintiennent debout sur plusieurs dizaines de mètres. Mais Tania est prise de violents frissons. Elle s'affaisse à nouveau et roule sur le flanc. Seule sa trompe remue encore. Toute la harde s'approche, et chacun s'efforce de la relever, en la poussant avec ses défenses. Mais Tania reste immobile et rend son dernier souffle. Plusieurs éléphants la caressent alors du bout de leur trompe. Puis Tia ramasse de la terre meuble, qu'elle jette sur sa mère. D'autres femelles vont chercher des branchages et les posent doucement sur le corps de la matriarche.

Lorsque Tania est presque recouverte, les femelles de la harde poussent de longs barrissements, doucement repris par les éléphanteaux.

Puis Moss prend la tête du troupeau et le guide en direction des gros nuages blancs qui se sont amoncelés sur les pentes du mont Kilimandjaro.

Quelques jours plus tard, les nuages crèvent, déversant sur la savane cette pluie qui est la vie. Les éléphants fêtent la pluie. Petits et grands courent et se poursuivent en se jetant des bouts de bois. Tembo attrape avec sa trompe la queue d'un jeune compagnon, qui se retourne ; ils se poussent front contre front jusqu'à ce que l'un d'eux recule.
Tous les petits galopent alors vers le marigot, où ils se roulent dans la boue. Grimpant les uns sur les autres, ils se tortillent, gigotent, glissent et dégringolent comme de vrais acrobates.

Grâce à l'expérience de Tania,
tous ont survécu à la dure saison de sécheresse.
Pour eux, une longue période de bonheur et d'abondance commence.

MIEUX CONNAÎTRE L'ÉLÉPHANT D'AFRIQUE

of H 30 10 - 19

MIEUX CONNAÎTRE L'ÉLÉPHANT D'AFRIQUE

L'ANIMAL DE TOUS LES RECORDS

C'est le plus gros animal terrestre de la planète : il pèse entre 7 et 12 tonnes.
Il mesure 3 à 4 mètres à hauteur du garrot.
Gros mangeur, il engloutit tous les jours de 150 à 300 kg de végétaux et boit de 140 à 220 litres d'eau.
La gestation des mamans pour avoir un bébé dure de 20 à 22 mois.
Sa durée de vie peut atteindre 70 ans, parfois même 90.

UNE SOCIÉTÉ MATRIARCALE

Une harde d'éléphants est guidée par une femelle âgée et expérimentée (la matriarche). C'est elle qui, pareille à une bibliothèque, détient toutes les connaissances, qu'elle transmettra à ses filles aînées avant de disparaître. Elle connaît tous les points d'eau et sait à quel moment la harde doit se déplacer. Son troupeau (souvent entre 10 et 20 individus) est composé de ses sœurs, de quelques autres femelles et de leurs enfants. Les mâles, quant à eux, ont une existence plus solitaire. Ils vivent en petits groupes et rejoignent les clans des femelles à la saison des amours.

MAMANS ET ÉLÉPHANTEAUX

À la naissance, les bébés pèsent près de 120 kg et ont besoin de téter quotidiennement 10 litres de lait. Ils sont joueurs et très choyés par le groupe. Leur mère, dont ils dépendent jusqu'à l'âge de 4 ou 5 ans, s'occupe d'eux énormément, mais aussi toutes les femelles du groupe.

LA TROMPE DE L'ÉLÉPHANT

La trompe de l'éléphant est sans doute son organe le plus étonnant. Elle est formée par la fusion du nez et de la lèvre supérieure et comprend près de 10 000 muscles.
Ses fonctions sont multiples. Elle sert à la fois à sentir, grâce à un odorat très développé, mais aussi au toucher. L'éléphant peut s'en servir comme d'un bras très puissant, capable de briser des branches, de déraciner un arbuste ou de frapper un agresseur. Il peut aussi saisir délicatement une baie ou utiliser sa trompe pour aspirer de l'eau, qu'il se reverse ensuite dans la bouche. Et quand il plonge dans l'eau d'une rivière, elle fait même office de tuba pour respirer.

SA PEAU

Elle est très épaisse mais cependant fragile. Voilà pourquoi les éléphants adorent prendre des bains de boue pour la débarrasser des parasites. Et quand il fait trop chaud, ils l'aspergent de poussière pour la protéger du soleil cuisant de la savane.
Elle est aussi très sensible, notamment aux caresses.
Le terme « pachyderme », par lequel on désigne parfois un éléphant, signifie tout simplement « peau épaisse ».

SES DÉFENSES

Mâles et femelles sont pourvus de ces longues incisives, de 2 mètres de long environ. Elles leur servent à creuser le sol, à la recherche d'eau ou de racines, à racler les rochers, pour en extraire des sels minéraux, mais aussi d'armes pour se défendre. Hélas, elles sont extrêmement convoitées par les trafiquants, parce qu'elles sont faites d'ivoire pur, vendu illégalement à des prix très élevés.
Aussi, on observe depuis quelques années un phénomène étonnant : beaucoup d'éléphants naissent sans défenses. Les scientifiques

l'expliquent par une anomalie génétique qui touche habituellement très peu d'individus, principalement des femelles. Mais comme celles-ci échappent aux fusils des braconniers et mettent au monde une progéniture dépourvue de défenses, la proportion a donc tendance à s'accroître au sein du troupeau.

SES OREILLES

La peau de ses oreilles est très mince et traversée par de nombreux vaisseaux sanguins qui aident à réguler la température de son organisme. L'éléphant utilise aussi les battements réguliers de ses oreilles pour s'éventer et se rafraîchir.
Grâce à ces capteurs de 2 mètres d'envergure, son ouïe est très développée. Il peut entendre des sons inaudibles pour l'oreille humaine, les infrasons, qu'il émet à l'aide de son larynx. Il peut ainsi communiquer à près de 10 km de distance.
En revanche, ses yeux sont petits, et sa vue faible.

INTELLIGENCE ET MÉMOIRE

Son cerveau, de plus de 5 kg, est très semblable, par sa structure, à celui d'un humain. Cela lui donne une intelligence remarquable, capable d'apprentissages complexes, d'émotions et d'empathie, mais aussi une mémoire hors du commun.
Les éléphants peuvent, par exemple, mémoriser tout le territoire sur lequel ils vivent et s'y déplacer comme s'ils étaient équipés d'un GPS.

LES ÉLÉPHANTS ET LA MORT

Quand un éléphant est malade, les autres membres de la harde lui prodiguent des soins. S'il se couche de fatigue, ils l'aident à se relever et l'encouragent.
Et lorsqu'il meurt, les autres membres du groupe s'assemblent autour de la dépouille, la flairent et la palpent. Ils restent ainsi un long moment, avant d'accepter de l'abandonner pour poursuivre leur recherche vitale d'eau et de nourriture. La mère pousse alors de longs barrissements de tristesse.
Plus étonnamment, quand des éléphants croisent sur leur chemin des ossements d'un autre éléphant, certains les flairent en silence et les palpent comme s'ils reconnaissaient à l'odeur un membre de leur famille… Un rituel qu'ils ne font jamais lorsqu'il s'agit du squelette d'un autre animal.

DISPARITION DES ÉLÉPHANTS

Autrefois, il y avait en Afrique des millions d'éléphants. Mais à cause du braconnage perpétré par les trafiquants d'ivoire, ils ont bien failli disparaître dans les années 1990. Aujourd'hui, le braconnage a diminué, mais l'éléphant reste menacé d'extinction par la raréfaction de ses lieux de vie, par la sécheresse et par l'extension des zones d'habitation humaine. Dans les régions qui se développent, ils ne sont plus les bienvenus, car ils piétinent les récoltes. On ne compte plus que 400 000 individus, environ, sur tout le continent.
Des mesures de sauvegarde ont été prises par certains États africains, mais elles semblent encore bien insuffisantes.
Saluons le beau courage des ONG qui sensibilisent le grand public à cette cause :
SEA (Sauvez les éléphants d'Afrique)
STE (*Save the elephants*)
OMPE (Organisation mondiale pour la protection de l'environnement)
WWF (*World Wildlife Fund* Fonds mondial pour la nature)

Engageons-nous tous pour la sauvegarde des éléphants, ces géants magnifiques !